Mt Zion Ridge Press LLC
295 Gum Springs Rd, NW
Georgetown, TN 37366
https://www.mtzionridgepress.com

ISBN 13: 978-1-962862-25-7

Published in the United States of America
Publication Date: June 1, 2024
Copyright: © Jerah Alvarado, 2024

Editor-In-Chief: Michelle Levigne
Executive Editor: Tamera Lynn Kraft

Illustrations & Cover art design by Autumn Rose Arias
Spanish Translation by Jerah Alvarado

Would You Rather:
Bible Water Adventures
Qué Prefieres:
Aventuras Bíblicas Acuáticas

Jerah Alvarado

Illustrated by Ilustrado por
Autumn Rose Arias

Would you rather live along a beach in a new world like when Adam and Eve enjoyed the new land and seas God created? (Genesis 1:9)

Or would you rather . . .

¿Prefieres vivir por la playa en un mundo nuevo como cuando Adán y Eva disfrutaron de la tierra nueva y los mares que Dios creó? (Génesis 1:9)

¿O prefieres . . .

Take a long cruise with a floating zoo like when Noah sailed on his giant ark for over a year with all kinds of animals? (Genesis 7:1-4)

Or would you rather . . .

Tomar un crucero largo con un zoológico flotante como cuando Noé navego en su arca gigante por más de un año con todo tipo de animal? (Génesis 7:1-4)

¿O prefieres . . .

Drift on a river inside a basket until a princess picks you up like when baby Moses was found by Pharaoh's daughter and pulled from the Nile? (Exodus 2:1-10)

Or would you rather . . .

Derivar en un río dentro de una canasta hasta que te recoga una princesa como cuando el bebe Moisés fue encontrado por la hija de Faraón y lo saco del agua? (Éxodo 2:1-10)

¿O prefieres . . .

March on dry land while huge walls of water stand on either side of you like when God's people crossed the Red Sea with Pharaoh and his men racing after them? (Exodus 14:21-23)

Or would you rather . . .

Marchar en tierra seca con paredes de agua en cada lado de ti como cuando el pueblo de Dios cruzó el Mar Rojo con Faraón y su ejército persiguiéndolos? (Éxodo 14:21-23)

¿O prefieres . . .

Camp by a brook you can drink from, where birds deliver food to you, like when the prophet Elijah was fed meat and bread by ravens while he hid from a wicked queen? (1 Kings 17:5-6)

Or would you rather . . .

Acampar por un arroyo del cuál puedes beber, donde pájaros te traen comida, como cuando el profeta Elías recibió carne y pan de los cuervos mientras él se escondía de la reina malvada? (1 Reyes 17:5-6)

¿O prefieres . . .

Ride inside a whale's belly for three days like Jonah did before the big fish vomited him onto the land? Eww!
(Jonah 1:17; 2:10, Matthew 12:40)

Or would you rather . . .

Pasearte dentro de una ballena por tres días como lo hizo Jonás antes de que el gran pez lo vomitó a la tierra? ¡Guácala! (Jonás 1:17, 2:10, Mateo 12:40)

¿O prefieres . . .

Get dunked in a river like when Jesus was baptized by John, his grasshopper-eating cousin?
(Matthew 3:13-17)

Or would you rather . . .

Ser sumergido en un río, como cuando Jesús fue bautizado por Juan, su primo comelón de chapulines?
(Mateo 3:13-17)

¿O prefieres . .

Step out on waves like when Peter climbed out of his boat on a windy night and walked on water with Jesus' help? (Matthew 14: 28-33)

Or would you rather . . .

Pisar sobre olas como cuando Pedro bajó de su barca una noche ventosa y caminó sobre el agua con la ayuda de Jesús? (Mateo 14:28-33)

¿O prefieres . . .

Sit at the beach as you hear God's whisper of love like when people listened to Jesus preach from a boat and saw His love as he healed people and fed crowds? (Mark 4:1-2; 6:53-56)

Or would you rather . . .

Sentarte en la playa escuchando susurros del amor de Dios como cuando la gente oía a Jesús predicar desde una barca y vieron su amor cuando sano gente y dio de comer a multitudes? (Marcos 4:1-2; 6:53-56)

¿O prefieres . . .

Sleep to the waves rocking your boat like when Jesus took a nap during a storm, and the disciples woke Him for help? (Mark 4:38-40)

Or would you rather . . .

Dormir mientras las olas mecen tu barca como cuando Jesús tuvo una siesta durante una tormenta, y los discípulos lo despertaron pidiendo ayuda? (Marcos 4:38-40)

¿O prefieres . . .

Catch so many deep-sea fish that your boat nearly sinks like when Peter, James, and John's nets were so full that their ship began to sink? (Luke 5:1-7)

Or would you rather . . .

Pescar demasiados peces que tu barca casi se inunda como cuando las redes de Pedro, Santiago, y Juan se llenaron de tan gran cantidad que la barca empezó a hundirse? (Lucas 5:1-7)

¿O prefieres . . .

Swim in the sea like when Peter swam to Jesus who
was roasting fish over a campfire on shore?
(John 21:7-9)

Or would you rather . . .

Nadar en el mar, como cuando Pedro nadó hacia Jesús
quien estaba asando pescado sobre brazas en la playa?
(Juan 21:7-9)

¿O prefieres . . .

Glide through the ocean and see an angel like when Paul was comforted by an angel on a ship during a storm? (Acts 27:23-25)

Or would you rather . . .

Ver un ángel mientras te paseas en el océano como cuando Pablo en una nave fue consolado por un ángel durante una tormenta? (Hechos 27:23-25)

¿O prefieres . . .

Stroll by a beautiful crystal-like sea like the one in heaven in front of God's throne? (Revelation 4:6)

Then, on that beach, you will live in a new world created by God just like Adam and Eve enjoyed!

The End

Caminar al lado de un mar semejante al cristal como el que está en el cielo delante del trono de Dios? (Apocalipsis 4:6)

¡Entonces en esa playa vivirás en un mundo nuevo creado por Dios como el cual Adán y Eva disfrutaron!

El Fin

Author Jerah Alvarado Notes for Parents and Guardians:

This book was born from the desire for my daughters to read the Bible. Only interactive books would hold my middle child Isabella's attention, so I created something to pique her interest in the Bible. My prayer is that all children would grow to love God's word. My hope is that children can see God's love and miracles in each story and learn how Mighty He is.

I've included Bible references so that you and your child can go deeper into each story. This is just a tool for the parents, not a Bible replacement. No book can top the Bible. As the parent, you can ask interactive questions at the end. If their attention span is short, you may want to pick only one of these questions every time you read the book. Did the child know all the Bible stories in this book? If not, you can look up the unknown story in your Bible.

Which scenario would your child pick? Look up the story in the Bible to let your child's interest grow. Which scenario is your child less likely to pick and why? Look up the story in the Bible to see if that would change their minds? You, the parent can also pick a favorite or least favorite during one of your readings so that your child feels you're participating as well.

You can even pick one of the stories daily for your child to use as a devotional guide. There are countless ways to use this book. If you subscribe to my newsletter, you can download free coloring sheets to use as an activity after reading this book.

Did you notice the hermit crab the illustrator added in each scene? If not go back and find him in all the stories!

Nota de la Autora Jerah Alvarado para los Padres:

Este libro nació del deseo que mis hijas leyeran la Biblia. Solo libros interactivos podían detener la atención de Isabella, mi hija del medio, así que hice algo que llame su atención a la Biblia.. Mi oración es que todos los niños crezcan amando la Palabra de Dios. Mi esperanza es que niños puedan ver el amor de Dios y los milagros en cada historia y aprendan que Él es Poderoso.

He incluido referencias de la Biblia para que usted y su hijo puedan ir más profundo dentro de cada historia. Es solo una herramienta para los padres, no es un reemplazo para la Biblia. Ningún libro puede supera la Biblia. Como padres, pueden hacer preguntas interactivas al final. Si la capacidad de atención de ellos es corta, tal vez quisieran escoger nada más una de estas preguntas cada vez que leen el libro.

¿Su hijo conocía cada historia Bíblica en este libro? Si no, pueden buscar la historia desconocida en su Biblia. ¿Qué escenario escogería su hijo? Busquen la historia en la Biblia para dejar que el interés de su hijo crezca. ¿Cuál es el escenario que menos escogería su hijo y por qué? Busquen la historia en la Biblia para ver si cambiaria de mente.

Ustedes, los padres también pueden escoger un favorito o menos favorito durante una de las leídas para que el niño sienta que participan también. Ustedes pueden aun escoger una de las historias diariamente para que su hijo lo use como una guía devocional. Hay maneras incontables de cómo usar este libro. Si se suscriben a mi boletín de noticias, pueden descargar hojas para pintar gratis que pueden usar como actividad después de leer el libro.

¿Notaron el cangrejo ermitaño que la ilustradora uso en cada escenario? ¡Si no, regresa a encontrarlo en cada historia!

Author Bio:

Jerah Alvarado is a member of ACFW and Storyteller Academy. As a mother of three and a former Sunday school teacher, she always looks for ways to keep children engaged as they learn the Word of God. She loves volunteering at her daughters' school library and reading to children.

Biografía de la Autora:

Jerah Alvarado es miembro de ACFW y la Academia Storyteller. Como madre de tres, y anteriormente maestra de escuela Dominical, ella siempre busca maneras de mantener a los niños cautivados mientras aprenden la Palabra de Dios. A ella le encanta ser voluntaria y leer a los niños en las bibliotecas escolares de sus hijas.

Illustrator Bio:

Autumn Rose Arias has been drawing since she discovered colors at the age of two. Now she uses computer programs to help bring her imagination to life. When she isn't creating new art, she enjoys singing.

Biografía de la Ilustradora:

Autumn Rose Arias ha estado dibujando desde que descubrió colores a la edad de dos años. Ahora ella usa programas de computación para ayudar traer vida a su imaginación. Cuando ella no está creando nuevo arte, le gusta cantar.

Dedicated to my beautiful daughters Robin, Isabella, and Lady Jessy. My desire is that you find pleasure, hope, strength, and guidance in God's Word.

Special thanks to my husband, Robert, for all his support. To my writing village that helped me specifically on this book, Kristi Holl, Vero Mtz, Brenda Uribe, Autumn Arias, and all the behind-the-scenes people in Mt. Zion Press, I couldn't have done it without you. Thanks to all my loved ones and friends who cheered me on during this journey, you know who you are. To Tamera Kraft, thanks for believing in me. My readers, thanks for keeping this book alive. To God the author of my life, thanks for making a dream come true. For Your Glory.

Printed in the USA
CPSIA information can be obtained
at www.ICGtesting.com
LVHW051159080524
779509LV00018B/364